ÉTIENNE RICHET

PROFESSEUR AU COLLÈGE DES SCIENCES SOCIALES
CHARGÉ DE COURS A L'INSTITUT

MADAGASCAR
AU XVIIᵉ SIÈCLE

(Faculté des lettres de Bordeaux : cours du 26 novembre 1922)

PARIS

ÉDITIONS DE « LA NOUVELLE REVUE »

80, RUE TAITBOUT, 80

1922

ÉTIENNE RICHET

PROFESSEUR AU COLLÈGE DES SCIENCES SOCIALES
CHARGÉ DE COURS A L'INSTITUT COLONIAL

MADAGASCAR
AU XVIIᵉ SIÈCLE

(Faculté des Lettres de Bordeaux : cours du 26 novembre 1922)

PARIS

ÉDITIONS DE « LA NOUVELLE REVUE »

80, RUE TAITBOUT, 80

—

1922

MADAGASCAR
AU XVIIᵉ SIÈCLE

Lorsqu'en 1648, Étienne de Flacourt, gentilhomme orléanais, directeur de la *Compagnie de l'Orient*, fondée en 1642 par lettres patentes du roi Louis XIII, s'embarqua à La Rochelle sur le *Saint-Laurent* pour aller rétablir, Messieurs, les affaires de cette Société, compromises par l'incapacité de ses agents, la France tentait son premier essai sérieux de colonisation à Madagascar. Comme toujours elle était à l'avant-garde, car les différentes peuplades, qui, au cours des siècles, s'étaient établies dans l'île, Nègres africains, Malais, Chinois, Juifs, Arabes, n'y étaient point venues conduites par un dessein déterminé, mais poussées par quelque catastrophe qui les exilait de leur pays natal, par l'esprit d'aventure, de trafic ou de prosélytisme, parfois même jetées par la tempête. Ainsi, les premiers Européens, Portugais, Hollandais et Anglais qui avaient touché dans la Grande Ile en allant aux Indes, n'avaient eu d'autres visées, les premiers que d'y rechercher de l'or et des épices et d'y pratiquer la traite des esclaves, les autres d'y faire escale et de s'y ravitailler.

Les voyageurs qui avaient visité ses côtes avaient cependant rapporté les impressions les plus enthousiastes sur sa fertilité ; mais aucun, jusqu'en 1642, n'avait conseillé à ses compatriotes d'en entreprendre la colonisation.

Un Anglais, Boothby, ayant accosté à la baie de Saint-Augustin, vanta les richesses du pays, suggérant au gouvernement britannique d'y installer une colonie par la distribution de terres à des aventuriers et l'envoi de ministres religieux pour encourager les colons ; un des compagnons de Boothby décrivit, dans l'ouvrage qu'il publia, les habitants de Madagascar comme le peuple le plus heureux de l'univers ; en conséquence, un certain nombre d'Anglais y débarquèrent en 1644, dans le but de fonder des comptoirs et de se livrer au commerce ; mais, en butte à l'hostilité des indigènes et, décimés par la maladie, ils périrent presque tous ; le reste abandonna le pays et leur chef, à son retour en Angleterre, déclara que s'installer en pareille contrée, c'était se vouer infailliblement à la souffrance et à la mort.

En France, l'opinion n'avait jamais varié sur la réputation de Madagascar et nulle contradiction ne s'éleva lorsque, au milieu du xviie siècle, parut la relation du voyage de François Cauche, qui y avait séjourné une dizaine d'années. Le marchand normand s'étonne que la France n'ait pas encore envoyé des colons en nombre suffisant pour exploiter « cette grande et belle isle, si admirablement située entre les Indes occidentales et les Indes orientales, si fertile, si bien pourvue en toutes choses nécessaires à la nourriture, l'entretien, l'habitation, en minéraux et richesses de toutes sortes, et pour convertir ses habitants nombreux, doux et de caractère facile, très aimés des Français, disposés enfin à commercer avec eux et à se convertir à leur religion ».

Jusqu'en 1642, en effet, on n'avait pas vu apparaître en France la pensée bien nette de prendre possession de cette île afin de tirer parti de ses produits ; c'est seulement à cette date que le gouvernement encouragea les efforts des particuliers par la création d'une Compagnie à monopole.

L'attention des navigateurs et des négociants français n'avait cependant pas manqué, depuis longtemps, de se porter sur la Grande Ile de la mer des Indes. Vingt ans à peine après que des vaisseaux portugais, poussés par la tempête l'eussent découverte par hasard, des marins dieppois, allant à Sumatra, avaient fait relâche en un point de la côte occidentale, Maromoka, et exploré partiellement les environs ; dans le premier quart du xviie siècle, deux fois, des bâtiments français qui se dirigeaient vers les Indes, s'étaient arrêtés quelque temps dans la baie de Saint-

Augustin, sur la côte occidentale ; un peu plus tard, en 1638, un navire dieppois, venu dans l'intention de faire du commerce, jeta l'ancre dans la baie Sainte-Luce, sur la côte orientale. Un de ceux qui le montaient, le négociant rouennais François Cauche, s'étant fait bienvenir des indigènes, fonda dans la région un comptoir prospère et fit aux alentours quelques expéditions de reconnaissance.

Mais, jusque-là, ces entreprises partielles n'avaient eu pour mobiles que des intérêts particuliers. Le Gouvernement n'avait point encore chargé aucun mandataire spécial de prendre officiellement possession de la contrée. Tentés par les bénéfices des Hollandais aux Indes orientales, les Français commençaient à envisager de créer de grandes Compagnies commerciales à monopole. Dès la première année du xviie siècle, une société s'était fait octroyer par Henri IV le privilège exclusif du commerce des Indes et de l'entrée en franchise pendant quinze années ; le manque d'une flotte suffisante l'empêcha de se développer. Un peu plus tard, le marin dieppois Rezimont, qui avait fondé une Compagnie à monopole et le capitaine Rigault ayant compris quels bénéfices pouvait présenter l'exploitation des Indes orientales et surtout de Madagascar, sollicitèrent du cardinal de Richelieu, chef et surintendant général de la navigation et du commerce de France, la concession de Madagascar et des îles voisines. Le cardinal, jugeant que la possession serait du plus haut intérêt pour assurer la sécurité du trafic des vaisseaux dans l'Océan Indien et leur procurer une station sur la route des Grandes Indes, leur fit délivrer par Louis XIII, en 1642, des lettres patentes leur concédant l'occupation de la Grande Ile et des îles environnantes et le privilège exclusif d'y commercer pendant dix ans. Une Compagnie fut aussitôt constituée qui prit le nom de *Compagnie d'Orient ou des Côtes orientales d'Afrique et de Madagascar.*

Un mois après la signature du privilège, la Compagnie envoya à Madagascar, comme gouverneur, pour créer un établissement et diriger le commerce, un de ses commis,

Pronis, qui prit possession du pays au nom du roi de France après avoir débarqué dans la baie d'Antongil, et explora une partie de la côte. Possédant l'expérience des affaires commerciales, mais avide d'argent, dénué de sens judicieux et de tact, ce premier administrateur trouva moyen, en quelques années, de mécontenter à la fois les colons et les indigènes, de dilapider les fonds de la Compagnie et de multiplier les désordres de toute nature.

C'est alors que la Compagnie d'Orient, voulant porter remède à cet état de choses et sauver l'établissement naissant, désigna, pour se charger du gouvernement de l'ile et mener une enquête sur les troubles qui s'étaient produits, Étienne de Flacourt, directeur de la Compagnie, qui arriva à l'établissement de Fort-Dauphin le 5 décembre 1648.

Bien que découverte depuis près d'un siècle et demi, la Grande Ile était encore mal connue des Européens. Les cartes qu'on possédait alors, de même que les descriptions écrites, montrent, les unes et les autres, qu'à l'époque du départ de Flacourt, l'idée qu'on pouvait se faire de Madagascar au moyen des documents que l'on possédait, était aussi incomplète qu'inexacte. Les indications que les relations de voyage et les ouvrages généraux publiés dans le cours des XVIᵉ et XVIIᵉ siècles donnaient sur l'organisation politique, sociale, familiale, sur les mœurs et les idées religieuses, étaient limitées ; certains points des plus importants du mode d'existence des habitants étaient restés indifférents à l'attention des voyageurs et des missionnaires.

Au point de vue physique, la partie la mieux connue était le littoral, déjà exploré par un certain nombre de navigateurs ; cependant, les cartes existantes n'en donnaient qu'un dessin erroné et trompeur, inclinant trop à l'est la côte septentrionale, attribuant à la côte orientale pourtant la plus fréquentée, beaucoup plus de découpures qu'elle n'en possède, plaçant l'île Sainte-Marie trop loin de cette côte, exagérant ou diminuant à l'excès les dimensions du cap Sainte-Marie et disposant les baies de la côte méridionale suivant le caprice du dessinateur, négligeant d'indiquer les convexités et les noms de ses golfes de la côte occidentale, souvent visités par les Portugais; quant à la région intérieure, d'ailleurs inexplorée, les cartes, ignorantes du relief et de la disposition des montagnes, leur donnaient, ainsi qu'aux cours d'eau, une direction tout à fait fantaisiste. Pour le pourtour de l'île, plus familier à cause de la navigation, on avait quelques cartes particulières ou plans des endroits les plus fréquemment visités, baies de Saint-Augustin et d'Antongil, île Sainte-Marie, rade d'Ampalaza, et ces cartes portaient les noms d'un nombre assez grand de caps, de baies, de localités, inexactement situés.

Si les cartes étaient loin de donner une notion satisfaisante des contours du littoral, du relief et de l'hydrographie de la contrée ou de sa situation astronomique, les auteurs n'en fournissaient pas une connaissance meilleure. Bien qu'on eût déjà une idée assez juste des latitudes, celle qu'on se faisait relativement aux dimensions de la Grande Ile, comme des petites îles voisines, étaient imprécises et variables, quoiqu'on fût d'accord pour la proclamer la plus vaste des îles connues. Quant à sa forme, on l'imaginait tantôt plus allongée, tantôt plus élargie qu'elle n'est réellement. La distribution, l'orientation, l'altitude des montagnes dont les auteurs connaissent l'existence ainsi que la position, le cours, le régime et la navigabilité des rivières qu'ils savaient pourtant abondantes et limpides, étaient pour eux lettre close. Certains marins, par expérience, avaient signalé les dangers des baies rocheuses des côtes ouest, sud-est et sud, les qualités des baies d'Antongil et de Saint-Augustin ; mais les avantages de certaines rades du nord-ouest et du sud-est étaient ignorés, bien que la région eût été touchée par les navigateurs portugais, hollandais et français. Les appréciations sur le climat étaient vagues et imprécises, les uns le déclarant salubre et les autres malsain, sans raison aucune pour l'intérieur qu'ils ne connaissaient pas et, pour le littoral, d'après des observations superficielles, suivant que l'expédition passagère dont ils avaient fait partie avait subi sur tel ou tel point plus ou moins de mortalité, qui pouvait aussi bien provenir de telle ou telle autre cause.

Dans leurs investigations, les voyageurs, dénués des connaissances scientifiques et des instruments nécessaires avaient surtout pour but leur approvisionnement personnel et les intérêts de leur commerce. Cependant, dans l'ensemble de leurs relations, une note domine : c'est l'impression enthousiaste, et même exagérément favorable, sur sa fertilité, qui se répercute dans les ouvrages de seconde main composés par les écrivains qui n'avaient jamais vu la Grande Ile. Tous la représentent comme une terre d'extrême fécondité, fournissant à profusion des bois précieux, des légumes et fruits. Ils font une nomenclature exacte des végétaux qui y croissent, citroniers, orangers, girofliers, gingembre, riz, etc., sans indiquer cependant les territoires ou telle ou telle plante est cultivée de préférence, le degré de fertilité de telle ou telle région, à de très rares exceptions près, comme pour les pays de Saint-Augustin, d'Antongil et de Sainte-Marie. Ils se livrent à une copieuse et parfois discutable énumération des animaux de la contrée, citant avec raison les bœufs à bosse, les moutons à grosse queue, les singes, les oiseaux, les lézards, les caméléons, les serpents, les crocodiles, mais y ajoutant à tort chameaux, éléphants et bêtes fauves, telles que lions et léopards, avec certains monstres à tête humaine absolument fabuleux. On réputait aussi Madagascar pour posséder beaucoup de mines d'or, d'argent, de cuivre et de fer, mais sans jamais préciser où se trouvaient ces richesses ni comment elles pouvaient être extraites.

On attribuait à la Grande Ile de très nombreux habitants, dont on ne désignait encore l'ensemble sous aucune appellation générique commune, les marins portugais et hollandais les ayant nommés Maures ou Noirs ; certains auteurs « Buques », et le Français Thoiret, « Madagascarins ». Par suite du degré peu avancé de l'ethnographie, on ne se rendait nullement compte de l'origine de cette population. Les voyageurs ayant abordé sur le littoral du nord-ouest rangeaient tous les habitants de Madagascar parmi les Cafres et les Maures ; le savant Père Jésuite, Luiz de Mariano, tout en acceptant cette opinion pour la côte occidentale, voyait, dans ceux du littoral de l'est, des descendants d'Arabes de la Mecque et du Mangabor, et assurait que la population primitive de l'île avait été constituée par des immigrants venus de Malacca. Certains géographes annonçaient même que la Grande Ile avait été peuplée par des Chinois. Mais aucun voyageur européen ne s'était préoccupé d'observer les différences ethniques entre les diverses peuplades qui occupaient la Grande Ile. Les descriptions que les navigateurs ont laissées des particularités physiques des indigènes ne laissent pas croire qu'ils leur aient attribué l'unité de race, mais rien ne donne à penser qu'ils aient été étonnés de cette diversité qui a si vivement frappé les savants de notre époque. Ils ont constaté cependant la différence des deux colorations de peau, l'une complètement noire et l'autre moins foncée, des deux types de chevelure, les unes courtes et crépues, les autres lisses et longues, bien que leurs observations ne concordent pas toujours et varient suivant les lieux visités, par exemple l'un regardant comme des nègres les gens de Saint-Augustin qu'un autre affirmait ressembler aux Chinois comme chevelure et comme coloration, tel disant que les cheveux des gens d'Antongil étaient moins crépus que ceux des noirs, et tel autre soutenant que leur barbe, leurs lèvres et leur nez n'étaient point pareils à ceux des Maures. L'opinion la plus juste était celle du Père Mariano, qui reconnaissait parmi cette population trois types d'individus : les uns, analogues aux Cafres du Mozambique, avec un teint noir éclatant et la chevelure en broussaille, les autres avec un teint d'un noir sombre et une chevelure lisse, d'autres encore des mulâtres. De leur taille et de leur nature, on disait peu de choses, certains cependant ayant noté que les hommes des alentours de la baie de Saint-Augustin étaient grands, robustes et de belle apparence.

Les idées qu'on se faisait relativement à leur intellect présentaient les mêmes contradictions et la même imprécision. Quelques-uns les considéraient comme des gens d'esprit avisés, « des gens adroits », et d'autres comme des êtres grossiers et rudes ; certains leur déniaient la faculté de compter jusqu'à dix et la connaissance de la division du temps en années, mois et jours. Sur leur caractère moral, on n'avait guère non plus des renseignements plus favorables ; les voyageurs les réputaient méchants et inhospitaliers, appréciation évidemment dictée par une partialité résultant du manque de réussite dans les échanges commerciaux ou des violences subies en réponse à leurs procédés agressifs.

Les appréciations sur leurs croyances religieuses différaient beaucoup. Si certains auteurs les tenaient simplement pour des païens et des hommes dénués de toute religion, d'autres avaient été frappés des analogies de croyances avec l'islamisme. L'attention, d'ailleurs, s'arrêtait peu sur leurs pratiques et sur leurs superstitions. On avait constaté l'usage sémitique de la circoncision ; on disait aussi que la prière leur était inconnue. Un auteur affirmait leur croyance au Créateur, en ajoutant toutefois qu'ils négligeaient l'usage de l'invoquer et de célébrer des fêtes. Le Père Mariano avait signalé qu'ils n'avaient ni temples ni autels.

La connaissance de leur manière de vivre, de leurs coutumes, en fait de nourriture, d'habitation, de vêtement, de culture et de leurs occupations habituelles, quoique assez incomplète encore, était cependant plus exacte et plus nette, ainsi que celle de leurs rapports commerciaux avec les étrangers, rapports qui se bornaient à échanger des esclaves, de la soie, de l'ambre, des métaux et autres produits naturels de leur contrée contre des marchandises apportées du Portugal ou des Indes. Certains avaient remarqué que la navigation marine était pour eux chose

inconnue. D'intéressantes observations avaient été faités à
propos de leur langage, car les Hollandais, lorsqu'ils se
rendaient aux Iles de la Sonde pour aller y chercher des
épices, n'avaient pu faire autrement que de remarquer
la relation frappante existant entre la langue malaise et
celle de la Grande Ile ; les titres de plusieurs livres publiés
à celte époque en Hollande et en Allemagne en font foi.
Le Père Mariano, s'il soutenait que le langage employé par
les habitants du littoral occidental était celui des Cafres,
affirmait que celui des autres parties du littoral et de la
région intérieure différait complètement de ce dialecte et
s'apparentait à l'idiome des Malais.

En résumé, si les Européens possédaient quelque connaissance du littoral de l'île ainsi que de sa situation
astronomique, de ses richesses végétales, animales et
minérales, de la manière de vivre et du langage des indigènes, de leur existence politique et de leurs armements,
ils étaient dépourvus de notions suffisantes et justes sur
les montagnes, les cours d'eau, le climat, la distribution
géographique des produits naturels, sur l'origine et le
nombre des habitants, leur nom, leurs croyances et pratiques religieuses, leur caractère moral comme leur caractère physique. Et les idées qu'aux environs de 1648, on
pouvait se former en Europe relativement à la nature de
ces peuplades, à leur provenance, à leur organisation
sociale et leur religion, présentaient les plus grandes
lacunes.

En fait, la Grande Ile était alors peuplée d'un certain
nombre de tribus d'origines diverses, le pays, à diverses
époques ayant été envahi par des immigrants de différentes
contrées. Parmi ces tribus, les unes se rattachaient à la
race noire d'Afrique, le plus grand nombre aux races
indonésiennes, et certaines aux races sémitiques, qui, au
cours des siècles, s'étaient mêlées et confondues les unes
dans les autres. Le fond originaire et dominant étant
constitué par la race indonésienne.

Les descendants des Indonésiens, à la face cuivrée et

plate, au nez épaté, aux cheveux globuleux et touffus, vivaient dans l'est et dans le centre. Près d'eux s'étaient établis des Malais aux pommettes saillantes, au teint jaune, aux yeux longs et bridés, à la chevelure lisse et longue, moins nombreux que les Indonésiens mais l'emportant sur eux en puissance, car ils venaient d'étendre leur suprématie sur la région entière du Centre. La côte occidentale avait pour habitants des hommes à la peau noire, aux courts cheveux crépus, analogues aux Cafres du Mozambique, tandis que sur la côte orientale se voyaient les quelques établissements déjà fondés par les Européens à Antongil, dans l'île Sainte-Marie et dans le pays d'Isaka, les tribus d'origine juive dans l'île Sainte-Marie et sur le littoral voisin, et celles d'origine arabe au pays de Matatane. Dans le sud habitaient des populations désignées sous les noms d'Antanossi, Ampatres, Mahafales, Machicores, d'une provenance imprécise, chez lesquelles le sang arabe et indonésien se mélangeait plus ou moins au sang africain.

Ces peuplades, malgré la diversité de leurs races, offraient entre elles beaucoup d'analogies, quant à la manière de vivre. L'organisation sociale, les croyances religieuses, les mœurs étaient à peu près semblables. Aucun de ces éléments ethniques ne se distinguait par une culture plus avancée, sinon les tribus d'origine juive ou arabe; l'influence des colonies sémitiques avait, au cours des temps, modifié autour d'elles les pratiques religieuses et les coutumes, mais n'avait point effacé le fonds de la race primordiale, la race indonésienne dont l'influence persistait, toujours vivace et dont la prédominance en nombre et la longue suprématie avaient amené ces ressemblances dans l'organisation sociale et la religion. Cependant, les ressemblances morales et sociales n'avaient créé entre ces peuplades aucune cohésion, aucun lien politique, aucune entente. L'ensemble ne formait point un corps de nation; l'unité politique n'existait nulle part; partout de petits états, villages, familles, ayant pour chef le père ou un de ses fils et dont la réunion constituait la tribu, cantonnée dans les limites de son territoire ; les multiples tribus étaient indépendantes et étrangères les unes aux autres.

Toutes, dans leur organisation sociale, ainsi que dans leurs manières de combattre, en étaient encore à un stade primitif ; les unes comme les autres ignoraient tout de ce que l'on peut appeler une organisation d'État, et n'avaient pas dépassé le cycle de l'organisation familiale ; la famille, à Madagascar, au xviie siècle, était la base de l'édifice social. Ces peuples ne possédaient point de traditions écrites, mais seulement la tradition orale.

L'origine indonésienne se révélait dans les mœurs des Malgaches ainsi que dans leur caractère généralement hospitalier et doux, malgré certains rites barbares engendrés par la superstition, dans la bienveillance facile qu'ils témoignaient aux étrangers lorsque ceux-ci ne se montraient pas, de prime abord, hostiles et tyranniques, dans la douceur envers les femmes, la tendresse pour les enfants, le respect pour les parents et les vieillards, qualités qui supposent des sentiments élevés et généreux, mais aussi dans un grand relâchement, tous traits caractéristiques hérités des premiers immigrants qui avaient peuplé l'île.

Ainsi que les Indonésiens, les Malgaches vivaient sans s'imposer en rien ni gêne, ni contrainte, dans la simplicité et dans l'insouciance du lendemain, sans imaginer même qu'on pût se préoccuper de l'avenir, trouvant dans cette nonchalante facilité assez de bien-être pour ne pas ambitionner une existence plus compliquée et plus large. Leur peu de souci des commodités de la vie et du luxe se manifestait dans leur manière de comprendre l'habitation et l'habillement. Leurs demeures n'étaient généralement que de minimes huttes construites en roseaux, en jonc, en feuillages, et si basses qu'il était difficile de s'y introduire par l'ouverture étroite qui faisait office à la fois de porte et d'échappatoire pour la fumée. Le vêtement consistait uniquement, même pour ceux de la classe la plus riche et la plus élevée, en un simple morceau d'étoffe fabriquée dans le pays, le pagne, auquel les femmes ajoutaient une autre pièce d'étoffe qui leur couvrait le haut du corps, se parant au surplus de chapelets de grains de corail, de boucles d'oreille et de bracelets d'argent ou de cuivre.

La nourriture leur était fournie par les poissons de leur pêche, le gibier de leur chasse, le lait de leurs troupeaux, les produits de la terre, riz, ignames, fèves, la boisson par de l'eau chaude ou du jus de viande et, aux jours de fête, par du vin de miel; ceux de la région d'Antongil avaient la réputation de s'enivrer avec ce vin de miel ainsi qu'avec de l'eau-de-vie de riz.

Leur insouciance du lendemain, jointe à leur paresse naturelle faisait qu'ils se livraient à la culture seulement pour la satisfaction indispensable de leurs besoins immédiats : la quantité de riz semé ou d'igname plantée correspondait à peine à leur alimentation de l'année. S'ils s'étaient trop hâtés de consommer leur récolte ou s'ils n'avaient point songé à vendre le surplus, la faim se faisait sentir et ils étaient obligés de supporter les privations ou d'acheter des denrées aux gens de la classe noble et riche, qui, plus prévoyante, savait réserver pour l'approvisionnement une part de sa récolte et en échangeait une autre partie contre du bétail, ce qui leur permettait d'atteindre rapidement à la fortune. Leurs troupeaux de bœufs, signe de la richesse pour la contrée, s'élevaient parfois jusqu'à trois mille têtes.

Les procédés de culture étaient des plus primitifs, en l'absence de la charrue, de la houe, du sarclier, les uniques instruments employés étaient la serpe et la petite bêche appelée *fangady* (que l'usage a transformée depuis en *angady*). Après avoir coupé les arbres et les buissons sur le terrain qu'on voulait défricher, on y mettait le feu lorsqu'ils étaient secs ; puis, après que la pluie était tombée, on procédait à la plantation des légumes et à l'ensemencement du riz qui se faisaient généralement de novembre à mars, pendant la saison pluvieuse, bien que sur certains points particulièrement favorisés, on plantât tout le long de l'année. La manière de cultiver le riz variait suivant les régions ; au pays d'Antongil, on le semait grain à grain et on le récoltait épi par épi ; au pays d'Anossi, on faisait préalablement préparer la terre par le piétinement des bœufs, avant d'y répandre la semence. Les ignames, coupées par morceaux, étaient enfoncées dans la terre, à quelque distance les unes des autres.

L'industrie était pareillement rudimentaire. Là encore, les Malgaches (malgré leur intelligence réelle et leur adresse), diminués par leur indolence naturelle et peu soucieux de commodité et de luxe, se bornaient à fabriquer lentement les objets indispensables au logement et à l'habillement. Ils connaissaient et pratiquaient les métiers utiles, forgeant le fer, tissant les pagnes dont ils se vêtissaient, tressant les nattes sur lesquelles ils se couchaient. Les ouvriers qu'on rencontrait étaient surtout des forgerons, des tisserands, des cordiers, des charpentiers, des potiers. Cependant, ils auraient pu, s'ils avaient voulu, réussir fort bien à fabriquer des objets de luxe : les pagnes de soie ou de coton tissés par les femmes présentaient un très joli aspect, et quelques orfèvres exécutaient des travaux d'une rare habileté.

Dénués de convoitises comme de besoins, les Malgaches n'étaient pas commerçants. Ignorant la navigation maritime, ils ne quittaient point leur pays pour aller trafiquer loin de leur contrée originelle ou même sur les côtes du continent voisin ; leurs relations entre eux à cet égard, avec les étrangers qui débarquaient dans l'île, consistaient uniquement dans l'échange de quelques produits, pour l'extérieur ; dans le port de Boeni au nord-ouest, riz, pagnes de soie, or, esclaves contre les cotonnades et autres objets d'importation qu'amenaient les Comoriens ainsi que les Arabes de Mélinde et d'Arabie ; à Ghalemboule, coquillages que les gens de Sainte-Marie troquaient aux Ambohitsmènes contre des plats et des pots en terre cuite. L'absence de routes et l'insécurité résultant de la continuité des guerres empêchait un commerce intérieur suivi. Néanmoins, Vohitsomby, dans la région du centre appelée aujourd'hui le Betsileo, était un point de trafic d'une certaine importance. Les indigènes entreprenaient des voyages à travers l'île pour se procurer, parfois très loin, des objets de première nécessité, tels que fer, sagaies, coton, pagnes de soie et bestiaux ; les gens de Vohitsbank allaient chercher leurs pagnes chez les Ampâtres et dans la province d'Anossi. La monnaie d'échange pour ce négoce était constituée par les verroteries ou les étoffes rapportées par les Européens. Les Malgaches faisaient aussi entre eux des échanges de fer, d'argent et d'or contre du cuivre, qu'ils estimaient au-dessus des pierres précieuses les plus belles.

Les croyances et les pratiques religieuses de la majeure partie des Malgaches étaient aussi celles des Indonésiens. Comme eux, ils admettaient un Dieu créateur et tout-puissant, mais invoquaient dans leurs prières des divinités d'ordre secondaire ou génies, observaient le culte des ancêtres et offraient des sacrifices à leurs mânes, en leur demandant protection contre les génies malfaisants. Mais de même que les Indonésiens, ils ne bâtissaient point d'autels ni de temples et n'adoraient point d'images divines, tout en professant la confiance la plus absolue dans les amulettes, talismans et sortilèges. Pourtant, malgré les analogies qui existaient dans les grandes lignes entre les pratiques religieuses des diverses tribus, certaines différences pouvaient s'observer dans les régions où les colonies sémitiques avaient exercé leur influence et introduit certaines innovations: L'île Sainte-Marie, la contrée du littoral voisin de la baie d'Antongil à Tamatave, et la côte sud-est avaient subi l'influence juive ; les indigènes croyaient à un Dieu unique, ordonnateur et maître de la création, pratiquaient la circoncision, observaient le sabbat du samedi, vénéraient les noms d'Abraham, Isaac, Jacob, Moïse et David, offraient des sacrifices de taureaux et de coqs, mais ne se livraient ni à la prière ni au jeûne. Ils ignoraient Jésus de même que Mahomet, et les sectateurs de ce dernier leur étaient en horreur au point qu'ils refusaient de contracter alliance avec eux ; de même, quoiqu'ils accueillissent bien les chrétiens, ils repoussaient également toute alliance avec eux, sans doute en souvenir de l'ancien judaïsme.

Dans la partie la plus méridionale de la côte est, l'influence des colonies arabes s'était mêlée à l'influence juive, et aux croyances, aux pratiques des indigènes de Sainte-Marie s'en ajoutaient d'autres apportées par des immigrations arabes successives : connaissance de l'histoire de Jésus qu'ils appelaient Raïssa et tenaient pour un grand prophète ; croyance aux sept cieux, avec sept éléments, aux anges, aux génies de la mythologie islamique. Ces in-fluences arabes et musulmanes se révèlent également dans les mœurs par la polygamie, les femmes s'achetant et chaque homme pouvant en acheter un nombre variable selon sa richesse, par l'abstinence de certaines viandes, comme celle du porc, par les ablutions, la prière, le jeûne, l'usage de porter des amulettes, par celui aussi des pra-tiques divinatoires et la croyance à l'astrologie qui, dans toutes les circonstances de la vie, revêtait une influence considérable, aucun mariage et nulles funérailles n'étant célébrées, aucun enfant nouveau-né n'étant conservé, aucune construction, aucune récolte, aucun voyage com-mencé qu'après qu'on s'était assuré, au moyen des *sikidy*, que les étoiles étaient favorables. Une caste qu'on appelait les *ombiasy* cumulait les fonctions de prêtres, de méde-cins, de devins, de sorciers et d'écrivains. Monopolisant le soin de consulter les astres, de prédire l'avenir, de guérir les maladies, d'égorger les bœufs des sacrifices dans les fêtes publiques, régnant sur les cérémonies et les supersti-tions de la contrée, écoutés par les habitants comme des oracles et redoutés par eux comme les représentants du monde surnaturel, leur autorité était considérable. Ils s'adjugeaient les meilleures parts dans les viandes des sacri-fices et se faisaient donner quantité de bétail et de richesses. Possédant seuls la connaissance des caractères arabes, pré-cieusement conservés dans des livres sacrés où étaient copiés des passages du Coran, ils vendaient très cher des écrits doués du pouvoir de préserver des accidents, du mal et de la mort. Les introductions sémitiques n'étaient pas parvenues cependant à détruire tout vestige de la religion indonésienne primitive , et si certaines tribus du littoral nord-ouest, nord-est et sud-est avaient modifié leurs croyances et leurs pratiques par suite des immigrations juives et arabes, les indigènes des autres contrées étaient demeurés fidèles aux croyances ancestrales.

Il n'existait point de lois écrites ; tout était, ainsi que chez les Indonésiens, réglé par la coutume spéciale à chaque contrée, et qui imposait à la fois la manière de fonder une ville, celle de construire une maison et celle d'organiser une expédition, coutume à laquelle le chef luimême avait l'obligation de se soumettre et qu'il n'avait pas le droit de modifier, ses sujets pouvant se refuser à lui obéir si ses ordres étaient en opposition avec la coutume ancestrale. Ainsi voyons-nous encore, dans les îles de la Sonde, les indigènes de Sumatra ne régler leurs désaccords que par des traditions très anciennes, transmises par de lointains ancêtres, et le peuple y dénier aux chefs le droit d'instituer des lois nouvelles et de changer quoi que ce soit aux usages établis — preuve évidente que la majeure partie de la population de Madagascar est venue de cet archipel.

L'organisation de la justice présentait aussi de grandes analogies avec celle qu'elle revêt chez les peuples indonésiens. La justice était rendue par le chef, jugeant luimême, ou bien confiant ce soin à quelqu'un de ses parents proches ; la sentence prononcée après audition des témoins, était aussitôt suivie de l'exécution du châtiment variable suivant les délits, fustigation ou incarcération pour les moins graves et, pour les plus grands, la mort par la sagaie ou la noyade dans l'Océan. Le meurtre était puni de mort, le vol pareillement, sauf dans certaines tribus où le vol encourait seulement le bannissement. Dans l'échelle des délits et des peines, la condition sociale des coupables avait son influence sur le plus ou moins de sévérité de la sentence ; telle action qui entraînait pour un homme pauvre l'esclavage ou la mort ne comportait qu'une amende pour l'homme riche. Les membres de la caste noble ne pouvaient jamais être condamnés à la peine capitale, même en cas de parricide.

Aucun lien politique ou économique ne réunissait entre elles ces diverses tribus. Une anarchie universelle régnait, les chefs des différentes peuplades étant en perpétuelle mésintelligence, les sujets n'étant attachés par nulle reconnaissance et nulle fidélité de cœur à des maîtres qui les exploitaient. Par suite de ce manque d'unité politique, aussi bien qu'ethnique, le courage et l'enthousiasme qui portent l'homme à répandre son sang pour défendre le sol de la patrie étaient inconnus des indigènes ; l'indifférence engendrée par cet état de particularisme poussé à l'extrême se traduisait par une surprenante négligence à s'unir contre le conquérant étranger, l'adversaire véritable.

Il arrivait parfois qu'un territoire fût gouverné par plusieurs chefs, mais toujours l'un d'eux était placé au-dessus des autres et représentait une façon de petit roi. Le chef avait droit de vie et de mort sur ses sujets comme sur ses esclaves ; il possédait le privilège d'immoler les animaux dans les sacrifices. Il rendait la justice, imposait les amendes, percevait les tributs. Il s'adjugeait les terres les meilleures qu'il faisait cultiver en riz ou en légumes et prélevait sur ses sujets la cinquième partie de leur propre récolte, prenait une part de l'héritage lorsqu'un de ses maîtres de village venait à mourir, et frappait d'une contribution ceux qui ne l'avaient pas suivi dans ses expéditions guerrières. De lui dépendaient de nombreux esclaves attachés à son service et les « maîtres de villages » chargés de l'exécution de ses ordres et de la surveillance de ses intérêts, lesquels contrôlaient les corvées, percevaient les tributs, faisaient cultiver les champs, construire des cases, et réunissaient le peuple au moment des kabars (assemblées) et des expéditions guerrières. Les tribus étaient divisées en castes.

La tribu la plus importante était celle des Mazimba, Indonésiens d'origine qui, dans le centre et dans l'ouest, occupaient les pays appelés à présent Imérina et Ménabé. Dans l'ouest, on citait encore les Antanandre, les Sandangratsy, les Mikehana, les Vezo. Les principales castes chez les Vazimbas étaient celles des Hovas, les chefs d'hommes libres de race indonésienne, nom qui désignait aussi dans les autres tribus les chefs de même origine ; les Andriana, la caste la plus puissante, descendus des conquérants malais ayant acquis par force et par ruse, la domination de la tribu ; les Andevos, esclaves de toute provenance, mal traités, sauf au pays d'Antongil où on les considérait comme faisant partie de la famille, nourris des restes de la table de leur maître et ne pouvant le quitter que s'il leur refusait la subsistance. Au moment de l'arrivée de Flacourt, les castes des Andriana, les nobles descendants des immigrants malais, s'étaient rendus maîtres de la majeure partie de l'île, faisant peser sur chaque petit territoire, un pouvoir presque sans conteste. C'est au commencement du xviie siècle que s'étaient terminées les guerres des conquérants venus de Malaisie contre les Vazimbas définitivement soumis. La caste qu'à l'époque de notre occupation, on appelait encore les Andevos, était en grande partie constituée par la descendance de ces Vazimbas qui, ayant vécu longtemps près des immigrants étrangers, avaient fini par être subjugués par eux.

Les documents du temps nous ont conservé les noms des chefs qui régnaient alors dans les régions de l'est et du sud, sur les Manamboule, les Mahafale, les Machicores, les Anachimousi, et de ceux des pays d'Amboule, de Manatengha, de Sainte-Marie ; mais ils ont négligé de nous faire connaître ceux des chefs des Ampâtres, des Antsihanaka, des Evingdranes, des Vohitsanghombes, etc.

Entre ces populations, de petites guerres se produisaient souvent : jalousie et avidité des chefs, rivalités de peuplade à peuplade, querelles ancestrales et toujours renouvelées en étaient le prétexte et le motif. Une tribu se jetait sur l'autre pour piller le village, enlever les bestiaux et les esclaves, emmener en esclavage les femmes et les enfants.

Chez les peuplades plus farouches de la partie **méridionale**, les hostilités étaient à l'état permanent ; celles du littoral oriental, de la baie d'Antongil à Tamatave, se montraient moins batailleuses, et chez elles se commettaient moins de violences et de massacres. On signalait pourtant l'animosité des Vahitsangombes contre les Evingdranes et celle des habitants du pays d'Antongil contre ceux de Sainte-Marie.

La nature du pays, tout en montagnes et en bois, où des sentiers étroits étaient les seules voies de communication, imposait à ces luttes de tribu à tribu, le caractère exclusif d'une guerre d'escarmouches et d'embuscades ; la surprise et la ruse en étaient l'âme. Des espions étaient envoyés chez l'ennemi, afin de reconnaître la situation du village à attaquer, la place où était retiré le bétail. Une fois en possession de ces renseignements, les chefs, ayant rassemblé leurs hommes, les emmenaient la nuit, par les chemins les plus détournés, à travers bois, jusqu'en vue du village visé. Au point du jour, avant que les habitants eussent pu s'apercevoir de rien, on le cernait et on l'attaquait de toutes parts à la fois. Les chefs marchaient en tête de leur troupe. Une bataille rangée était chose inconnue. Tout l'art tactique se réduisait en affreuses vociférations, en gambades et grimaces, menaces et injures destinées à effrayer les ennemis et à jeter parmi eux des morceaux de bois graissés, entourés de chiffons, appelés des *odys*, talismans magiques auxquels on attribuait le pouvoir d'ôter aux adversaires le courage de la résistance et d'amener sur eux des maux, des catastrophes et toutes sortes de mauvaises chances capables d'amener leur défaite. Si, victorieux, les assaillants s'étaient emparés du village, ils massacraient vieillards et femmes, parfois même les enfants, mais toujours ceux du chef par crainte que, devenus grands, ils ne songent un jour à venger sa défaite ; ils emmenaient pour l'esclavage tous ceux qu'ils avaient épargnés ainsi que les bœufs, et incendiaient le village.

Mais il n'en était pas toujours ainsi. Si le chef du village attaqué pouvait réunir ses hommes et se précipiter avec eúx sur les assaillants, il en faisait souvent un grand massacre ; et comme l'usage d'emporter des provisions en vue d'une expédition de quelque durée n'existait en aucune façon, la faim contraignait, sans tarder, ceux qui restaient à retourner chez eux. Au cas où le chef du village assailli ne se sentait pas assez fort pour continuer la lutte plus longtemps, il dépêchait vers le chef des ennemis les hommes les plus prudents de sa tribu, avec mission de porter des présents et de demander la paix.

En vue de se protéger contre ces attaques soudaines, certaines tribus, telles que les Ampâtres, les gens de Matatane, de Manamboule, entouraient leurs villages d'une palissade de gros pieux ; mais d'autres, comme les Antavares, les Mahafale, les Machicores s'abstenaient de construire aucune sorte de clôture, afin de pouvoir, en cas d'agression, s'échapper par la fuite avec plus de facilité.

Les tribus du sud, Ampâtres, Animoussi, Machicores, Mahafale, étaient les plus audacieuses ainsi que les mieux armées. Les gens des environs de Manemboule avaient la réputation d'être les plus redoutables ; hardis et courageux, ils combattaient de près aussi bien qu'à distance ; on citait les tribus du littoral oriental et les gens de Manghafia pour leur manière particulière de combattre qui consistait à attendre résolument l'ennemi et à défendre le terrain pied à pied en portant des coups avec la sagaie, tout en parant ceux de l'adversaire avec une rondache.

Les armes employées dans ces guerres et que les indigènes maniaient avec une grande dextérité, se bornaient, pour l'offensive, à la sagaie, lance de fer longue et tranchante, aux javelots qu'on jetait de loin sur l'ennemi ; pour la défensive à la rondache ou bouclier de peau ; armes qui variaient d'ailleurs en dimension et en forme suivant les différentes régions, les sagaies du pays d'Antongil étant presque aussi longues que les piques françaises et les rondaches doubles en grandeur de celles des contrées méridionales. Une petite tribu des rives du fleuve Manangourou employait les flèches et l'arc. Les indigènes de Madagascar n'ignoraient pas com-

plètement les armes européennes, quelques chefs ayant reçu
en présent des mousquets de la part des Hollandais et des
Anglais ; mais dans la plupart des tribus et principalement
aux environs de la baie d'Antongil et de la baie Saint-Augustin, ces armes, dont ils ne connaissaient pas le maniement,
inspiraient aux indigènes la plus grande terreur, et une
troupe d'une centaine d'hommes s'enfuyait à la vue d'un
seul mousquet. Bien qu'ayant conservé leur armement
arriéré et primitif, les habitants de Madagascar ne gardaient
plus envers les hommes de race blanche, les sentiments
pacifiques et accueillants des premiers temps. L'avidité,
l'injustice, la violence des Portugais et des Hollandais, leur
avaient enseigné la méfiance et l'hostilité envers les Européens, parfois même, comme dans le sud de l'île, la perfi-
die et la cruauté.

Cependant, aussi primitives qu'elles fussent au point de
vue religieux, social, agricole et commercial, ces peuplades,
pour la majeure partie douces et hospitalières, si fidèles
qu'elles fussent aux croyances comme aux pratiques et aux
usages de leurs ancêtres, n'avaient point d'éloignement pour
s'assimiler les manières et les idées d'une autre race. Les
tentatives des missionnaires catholiques pour les convertir
n'avaient pas jusque là, été suivies d'un grand succès, mais
rien n'empêchait de croire que d'autres à l'avenir pourraient
être plus heureux. Malgré qu'ils eussent été victimes, de la
part des Portugais, de véritables actes de piraterie, ils
furent en bonnes relations, au commencement du xviiᵉ siècle
avec les explorateurs portugais Rodriguez da Costa, Pero
de Cabral, le général français Beaulieu et le négociant
rouennais François Cauche. Et ceux qui, dès cette époque
lointaine, pensèrent qu'un jour ou l'autre les Malgaches se
laisseraient attirer par la civilisation européenne furent
dans le vrai.

MACON, PROTAT FRÈRES, IMPRIMEURS.

La
Nouvelle Revue

POLITIQUE, LITTÉRAIRE ET ARTISTIQUE

PARAÎT CHAQUE MOIS, LE PREMIER ET LE QUINZE

FONDATRICE (1879) : MADAME JULIETTE ADAM
DIRECTEUR : HENRI AUSTRUY

Depuis le 1er Octobre 1879

PARAIT LE 1er ET LE 15 DE CHAQUE MOIS

PRIX DE L'ABONNEMENT :	12 MOIS	6 MOIS	3 MOIS
Paris et Départements.........	55 fr.	30 fr.	16 fr.
Étranger	72 »	40 »	24 »

Prix du numéro : 3 fr.
Étranger : 3 fr. 50

Les Abonnements partent du 1er et du 15 de chaque mois

Paris (IXe) — 80, Rue Taitbout — Téléphone : Trudaine 04-91

MACON, PROTAT FRÈRES, IMPRIMEURS.